Soul of Barcelona

30 ERLEBNISSE

VON FANY PÉCHIODAT UND VINCENT MOUSTACHE
MIT ILLUSTRATIONEN VON VINCENT MOUSTACHE
FOTOS VON JUAN JEREZ

JONGLEZ VERLAG

Reiseführer

„TAUSEND GERÜCHE
UND TAUSEND FARBEN,
BARCELONA HAT
TAUSEND GESICHTER“

JOAN MANUEL SERRAT
„BARCELONA I JO“

WAS SIE IN DIESEM REISEFÜHRER **NICHT FINDEN**

- einen Metroplan
- die Telefonnummer der Casa Mila
- die beliebteste Tapas-Bar für Touristen
- eine Liste der Medikamente, die Sie mitnehmen sollten

WAS SIE IN DIESEM REISEFÜHRER **FINDEN**

- ein Café mit heißer Schokolade und Wurst (in dem Ihnen zum Frühstück Albert Adrià begegnet)
- ein Hotel in einer Bäckerei
- ein geheimes Jazz-Konzert in den Gebäuden von Gaudí
- die besten Churros der Stadt
- die Kunst, zwischen Januar und März *calçots* zu essen

Warum lieben wir Barcelona?

- Weil es eine Stadt ist, die sich wie endlose Ferien anfühlt: Sonne, Strand und ganzjährig Drinks auf der Terrasse.
- Weil sich hier Banksy und Gaudí begegnen: Die ganze Stadt ist voller Poesie.
- Weil uns überall Rooftop-Bars erwarten. An jeder Ecke steigen wir Treppen hinauf oder nehmen wir den Aufzug, um die Stadt bei einem Gläschen Wein oder einem Cocktail von oben zu betrachten.
- Weil ganz Barcelona ein Fest ist: von familiären Stadtteilfesten mit Menschenpyramiden *(castells)* über Bars und Clubs bis hin zu großen Volksfesten. Barcelona ist die Stadt der *fiesta mayor*!

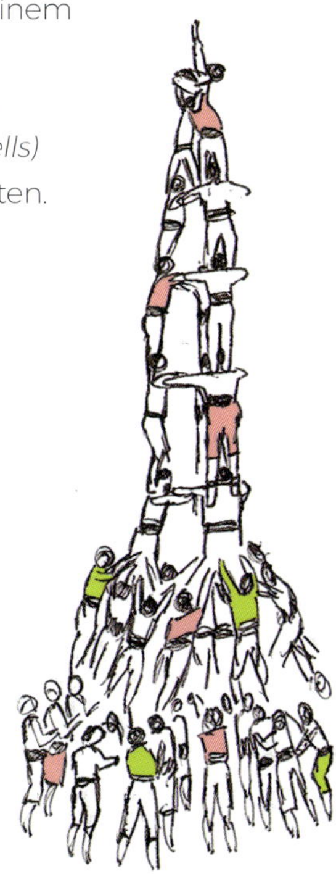

Wir haben alles ausprobiert, abgeklappert, erkundet ... Hier kommen die 30 Erlebnisse, die uns auf unserer Suche nach dem Herzschlag und der Seele der Stadt hinter geheimen Türen am besten gefallen haben.

© ABDERRAHIM KABBAJ – UNSPLASH

DIE SYMBOLE VON **SOUL OF BARCELONA**

bis
20 Euro

20 bis 60
Euro

von 60 Euro
aufwärts

Für die Anfahrt benötigen Sie ein Auto

Reservierung empfohlen

Unbedingt einen Platz auf der Terrasse sichern

Personal eher rustikal, aber das ist Teil des besonderen Charmes

---

Informieren Sie sich zur Sicherheit vor dem Besuch der hier vorgestellten Orte im Internet über die aktuell geltenden Öffnungszeiten.

3
16
24
5
9
8
4
15
29
12
2
14
10
21
11
26
19
23
20
30
18
13
22
7
1
17
25
27
28

30 ERLEBNISSE

01. Tapas essen auf einem Taschentuch
02. Die Micro-City in der Casa Bonay
03. Die Kunst, *Calçots* zu essen
04. Jazz im Rhythmus von Gaudí
05. Ein Himmlischer Asador
06. Palo Market Fest – ein Markt der etwas anderen Art
07. Das Heiligtum der Tapas
08. Eine Pizzeria auf einem Parkplatz
09. Übernachtungsgast in einer Bäckerei
10. Die besten *Patatas bravas* von Barcelona
11. Ein Bad unter der Stadt
12. Das unterhaltsame Sternerestaurant
13. Der coolste Privatclub der Welt
14. Die beste Bar der Welt?
15. Ein Kulinarischer Yoga-Tempel
16. Die Schatzhöhle von Barcelona
17. Zeit für einen Wermut
18. Das Briefmarken-Restaurant des *Mercat de la Boquería*
19. Verrückt nach schönem Papier
20. Wo bekommt man brutal gute Drinks?
21. Die Lieblingsoma der Grossen Küchenchefs
22. Wurst und heiße Schokolade
23. Die Besten Sandwiches der Stadt
24. Ein modernistisches Meisterwerk ohne Menschenmassen
25. Auf einen Cocktail in die Retro-Bar
26. Die beste Massage Ihres Lebens?
27. Bis ans Ende der Nacht
28. Die Seele baumeln lassen in Poble Sec
29. Zwischen Design, Kaffee, Wein und nachhaltiger Gastronomie
30. Verrückte Cocktails hinter dem Kühlschrank

LOWENBRAU

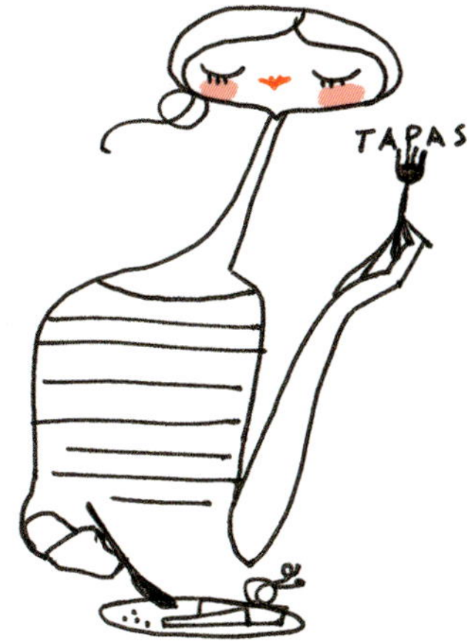

TAPAS ESSEN AUF **EINEM TASCHENTUCH**

Klein, laut, hektisch ... Diese Bodega ist gerade einmal so groß wie ein Taschentuch und dennoch eine in ganz Spanien berühmte Institution!

Tische gibt es nicht, gegessen wird im Stehen. Dazu ein Glas hausgemachter Wermut. Die Tapas werden serviert und sind alsbald verschwunden. Rote Paprika, Stopfleber, Camembert mit Honig, gegrillte Artischocken, Stockfisch, süßer oder herzhafter Pintxo ... Quim verlässt sich bei seinen Tapas-Kreationen ganz auf spontane Inspiration und trifft damit jedes Mal ins Schwarze. So entstehen kühne Rezepte, die man später in ganz Spanien auf dem Teller findet. Manche Barceloner sagen, Quimet y Quimet sei das El Bulli der Tapas.

Unvergesslich der Lachs mit Joghurt und Honigtrüffel. Dazu empfehlen wir ein Glas Pink Cava, einen frischen, spritzigen Rosé, der Sie jeden Prosecco vergessen lässt.

QUIMET & QUIMET
CARRER DEL POETA CABANYES, 25

+34 934 42 31 42 | quimetiquimet.com

#02

DIE MICRO-CITY
IN DER CASA BONAY

„Die Casa Bonay ist kein Hotel, sondern eine Micro-City." Wie der Titel des *Telegraph* richtig sagt, ist die Casa Bonay weit mehr als ein Hotel: Coffeeshop, Buchhandlung (die kleinste in ganz Barcelona), Cocktailbar, Restaurant, Rooftop-Bar ... und vor allem eine Plattform für aufstrebende Talente aus der Stadt. Hier ist alles 100% made in Barcelona.

Gründerin Inés Miró-Sans ist im Ace Hotel in New York in die Lehre gegangen und weiß damit wie sonst kaum jemand, dass ein Hotel vor allem ein Lebensort mit Programm ist. Auch wenn Sie nicht in dem Hotel zu Gast sind, besuchen Sie eine der Veranstaltungen: DJs am Wochenende, dokumentarische Filmvorführungen, Konzerte, Feste, Curry-Dinner oder auch Buchpräsentationen ... Bei einem Abstecher in die Casa Bonay findet jeder sein Glück.

€€

CASA BONAY
GRAN VIA DE LES CORTS CATALANES, 700

+34 935 458 070 | casabonay.com

ROSIE REVERE, ENGINEER
colors
formas

Calçots
Estrella

Calçots

#03

DIE KUNST, *CALÇOTS* ZU ESSEN

Jedes Land hat seine eigenen kulinarischen Besonderheiten. Eine *Calçots*-Verkostung ist jedoch auch für erfahrene Gourmets ein Erlebnis der ganz speziellen Art.

Die Saison der *Calçots* – die nur von Januar bis März dauert – ist für alle Barceloner ein gastronomisches Event, das sie auf keinen Fall verpassen dürfen.

Zur Erklärung: *Calçots* sind milde katalanische Frühlingszwiebeln. Gereicht werden sie gegrillt mit einer „Romesco"-Soße, die auf Basis von Mandeln, Haselnüssen, Tomaten und Knoblauch zubereitet ist. Zum Sterben gut!

Kompliziert wird es, wenn es darum geht, die berühmten *Calçots* zu essen. Machen Sie es wie alle: Serviette umbinden, Eleganz und Glamour ablegen.

DAS RITUAL IM EINZELNEN:

Schritt 1: Haut abziehen. Die *Calçots* sind gegrillt, Ihre Hände somit jetzt schwarz. Prima.

Schritt 2: *Calçot* tief in die köstliche Romesco-Soße eintauchen. Der coolste Teil der Übung.

Schritt 3: *Calçot* über den Kopf halten, Mund öffnen, Rachen anpeilen und versuchen, nicht alles überall zu verteilen.

Schritt 4: Verspeist wird diese wirklich sehr schmackhafte Spezialität in höllischem Tempo.

Sie sehen schon, wir lieben *Calçots*. Sie schmecken, machen Spaß, sind gesellig – und es gibt sie nur für kurze Zeit.

> EL MIRADOR DE CAN CASES

DER GIPFEL DER *CALÇOTS*

Calçots sind etwas für Eingeweihte. Nur wenige Reisende wissen um ihre Existenz, zumal man sie nicht überall findet. Genau deshalb lieben wir diese Adresse auf dem Gipfel eines Berges, wenige Autominuten vom Stadtzentrum entfernt. Unter Touristen ist der Ort kaum bekannt, und so begegnen Sie im Mirador de Can Cases vor allem Einheimischen, die sich hier ihre *Calçots* und andere Grillspezialitäten schmecken lassen. Nicht vergessen: Die katalanischen Frühlingszwiebeln gibt es nur von Januar bis März. Wenn Sie diese Zeit verpassen, wird es Ihnen Ihr Gaumen übelnehmen und Sie sind selbst daran schuld.

EL MIRADOR DE CAN CASES
CAMÍ DE CAN CASES, 15
LES PLANES

+34 93 589 18 68

cancases.com/en

04

JAZZ IM RHYTHMUS **VON GAUDÍ**

Der Name Gaudí wird für Sie nicht mehr denselben Klang haben, nachdem Sie das magische Jazz-Festival besucht haben, das einmal im Jahr in den Gebäuden des katalanischsten aller Architekten stattfindet. Ein Glas Champagner in der Hand, unter freiem Himmel, Jazzklänge, die von den Mauern der modernistischen Gebäude widerhallen ... Was will man mehr?

CASA BATLLÓ
LAS NOCHES MAGICAS
PASSEIG DE GRÀCIA, 43

€€

+34 932 160 306
info@casabatllo.cat

casabatllo.es/ca/venda-entrades/visita-nits-magiques

#05

EIN HIMMLISCHER **ASADOR**

Achtung, wir enthüllen Ihnen nun das bestgehütete gastronomische Geheimnis der Stadt: Die ideale Weise, den Tag zu beginnen, ist ein Toast mit Kalbsbries und dazu ein Café con leche. Das Ultramarinos ist einer der Orte, die man in Spanien als „bar de toda la vida" bezeichnet, eine traditionelle Bar, die sich nie verändert hat und sich nie verändern wird, eine Art Paradies für die Bewohner des Viertels.

Seine Bestellung ruft man hier einfach über den Edelstahltresen: Tapas wie Escabetx oder marinierte Anchovis, knackig-saftig gebratenes Hühnchen und vor allem Gegrilltes vom kultigen Asador: von Txuleta Ibérica über Kokotxas al Pil Pil bis hin zum grandiosen Tagesfisch. Unmöglich, hier nicht sein kulinarisches Glück zu finden.

€€

ULTRAMARINOS MARÍN
C/ DE BALMES, 187, SARRIÀ-SANT GERVASI

+34 932 17 65 52 | ultramarinosmarin.com

CONCEPT
GALLERY

PALO MARKET FEST – EIN MARKT **DER ETWAS ANDEREN ART**

Nichts lässt vermuten, dass im Herzen dieses Industriegebiets einmal monatlich der einflussreichste Kreativmarkt von ganz Barcelona stattfindet.

Zwischen Schmuckständen und mehr oder weniger experimentellem Modedesign legen angesagte junge DJs auf. Foodtrucks laden zu einer kulinarischen Reise ein. Ein kreativer Melting Pot, der einen Vorgeschmack auf die Kultur- und Festivalszene von morgen bietet.

Das Motto der Künstler und KünstlerInnen, die Sie dort treffen, lautet: sehen und gesehen werden. Also merken Sie sich ihre Namen, denn wer weiß, vielleicht läuft Ihnen hier der Cristóbal Balenciaga des 21. Jahrhunderts über den Weg.

FLOHMARKT PALO MARKET FEST
CARRER DELS PELLAIRES, 30–38

palomarketfest.com

Instagram: palomarketfest

UNA PIZZ
UNA
PIZZA

BILDNACHWEIS: FANY PÉCHIODAT

DAS HEILIGTUM **DER TAPAS**

Versuchen Sie, rechtzeitig zu Cañete zu kommen, um noch einen Platz an der Bar zu ergattern. Diese ist schmal und unendlich lang; so, wie man es in Spanien liebt. Einmal dort, Bühne frei für die Köche mit ihren fantastischen Hüten, die direkt aus dem Film *Ratatouille* entsprungen zu sein scheinen, und die flinken, weiß gekleideten Kellner mit ihrer ansteckenden Begeisterung.

Auf der Karte stehen Gerichte wie *Pan con tomate*, Auberginenchips, Bellota-Schinken, *Gambas a la plancha*, Artischockenomelette mit Trüffel ... typische Tapas aus Barcelona mit einfachen Rezepten, bei denen das Augenmerk auf Geschmack und Geselligkeit liegt.

€€

CAÑETE
CARRER DE LA UNIÓ, 17

+34 932 703 458 | barcanete.com

CAÑETE

PARKING PIZZA

#08

EINE PIZZERIA AUF **EINEM PARKPLATZ**

Zugegeben, der Eingang wirkt erst mal wie das Tor zu einer Autowerkstatt. Doch im Inneren erwartet Sie eine echte Pizzeria. Willkommen bei Parking Pizza!

Tagsüber überrascht das Lokal mit seiner industriellen Schönheit im Loft-Style: ruhig und erholsam. Abends wähnt man sich fast in einem angesagten Berliner Club. Die im Holzofen gebackenen Pizzen schmecken großartig, vor allem in der Version mit Burrata und Stracciatella.

Gleich nebenan können Sie beim kleinen Bruder Parking Pita die orientalischere Variante der mediterranen Küche genießen.

€€

PARKING PIZZA
PASSEIG DE SANT JOAN, 56

parkingpizza.com | Instagram: parkingpizza

#09

ÜBERNACHTUNGSGAST **IN EINER BÄCKEREI**

Acht Uhr morgens. Das Licht fällt in Ihr Zimmer, Sie öffnen die Augen. Kaum aufgewacht, umfängt Sie der Duft frisch gebackener Croissants und zieht Ihnen buchstäblich die Decke weg.

Der Wecker hat geklingelt im Hotel Praktik Bakery – einem Bäckereihotel, in dem es herrlich nach frischem Brot duftet. Die Lobby? Inmitten von Baguettes, Tartes, Kuchen ... Der Aufzug? Hinten rechts, gleich neben den Windbeuteln. Die Rezeption? Am Ende der Brottheke der berühmten, hauseigenen Bäckerei Baluard Barceloneta – der besten der Stadt.

Für weniger als 10 Euro erhalten Sie ein komplettes Frühstück mit freier Auswahl bei Brötchen und Gebäck.

€€ / €€€

PRAKTIK BAKERY
CARRER DE PROVENÇA, 279

+34 934 880 061 | hotelpraktikbakery.com

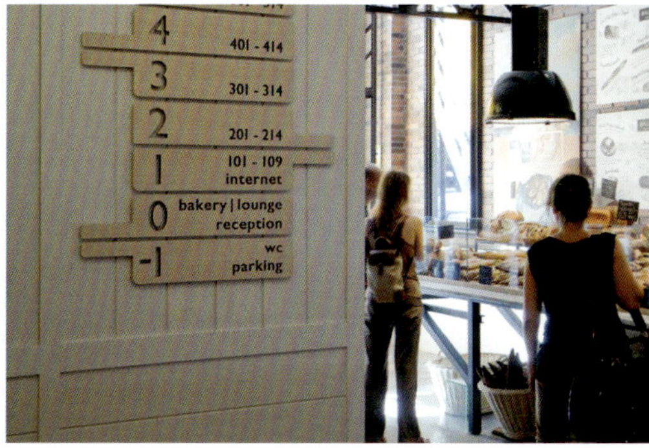
4 401 - 414
3 301 - 314
2 201 - 214
1 101 - 109 internet
0 bakery | lounge reception
-1 wc parking

STAF

clarel

#10

DIE BESTEN *PATATAS BRAVAS* VON BARCELONA

> EL TOMÁS

TREFFPUNKT DER BARCELONER SEIT 40 JAHREN

El Tomás im Stadtteil Sarrià ist die Sorte Bar, die ihr wahres Gesicht gut zu verbergen weiß. Weitab der angesagten Rooftops trifft sich bei Tomás einfach ganz Barcelona auf die besten *Patatas bravas* der Stadt. Seit 40 Jahren.

Die von Hand geschälten und geschnittenen *Patatas* von Tomás sind perfekt gegart und großzügig mit Knoblauch oder einer köstlichen Chilisoße bedeckt.

Kleine Warnung für Nachteulen: Tomás tickt anders als die meisten spanischen Bars und schließt bereits um 22 Uhr! Kommen Sie also früh genug, um nicht hungrig wieder von dannen ziehen zu müssen.

EL TOMÁS DE SARRIÀ
CARRER MAJOR DE SARRIÀ, 49

+34 932 03 10 77 | eltomasdesarria.com

> **LA MUNDANA**

PATATAS BRAVAS 2.0

Überlassen Sie Überraschungseier Ihren Kindern. Wir präsentieren Ihnen Überraschungstapas!

Auf der Karte dieses Restaurants stehen die traditionellsten Gerichte der katalanischen Identität. Einziger Unterschied: Wenn Sie *Patatas bravas* bestellen, werden Sie eine Weile brauchen, um sie als solche zu erkennen – denn hier kommen sie in Form eines Design-Eclairs mit Schokolade und Karamell daher. Gleiches gilt für die Paella, die auf einer dicken quadratischen Platte serviert wird und dennoch zart und voller Geschmack ist.

Entsprungen ist die Idee zu dieser verspielten Trompe-l'œil-Gastronomie der Fantasie von Alain Guiard und Marc Martin, die in den renommiertesten Küchen Europas gekocht und mit ihrem Catering-Service unzählige Preise gewonnen haben. Von den großen Küchenchefs der Stadt respektiert, vereinen sie im La Mundana, in dem alles scheinbar traditionell und wahrhaft exquisit ist, gekonnt großes Talent mit viel Humor.

€€€

LA MUNDANA
CARRER DEL VALLESPIR, 93

+34 934 088 023

lamundana.cat

MUNDANA
DE SANTS
VERMUTERIA GASTRONÒMICA

TEPIDARIUM

#11

EIN BAD
UNTER DER STADT

Im Herzen des Stadtteils El Born existiert ein einmaliger Ort, wo man bei einem Päuschen Kraft tanken kann: ein unterirdisches Spa in einer Lagerhalle aus dem 18. Jahrhundert. Mehrere, verschieden temperierte Becken entspannen – vor oder nach einer wohlverdienten Massage – Körper und Geist.

Der Wellnesstempel ist bis in die Nacht hinein geöffnet. Perfekt nach einem erlebnisreichen Tag oder zwischen zwei Tapas.

€€

AIRE DE BARCELONA
PASSEIG DE PICASSO, 22

+34 932 955 743

beaire.com

#12

DAS UNTERHALTSAME **STERNERESTAURANT**

Whisky-Tarte zum Inhalieren, Baumwolle direkt vom Ast auf den Teller, durchsichtige Pasta ... Herzlich willkommen in einem Sternerestaurant der besonderen Art! Inhaber dieses Gourmettempels sind Mateu Casaña, Oriol Castro und Eduard Xatruch, die drei früheren Köche des großen El Bulli. Der Besuch bei ihnen verspricht kulinarischen Höchstgenuss und ein intensives Erlebnis.

Für noch mehr Freude beim Schlemmen der 30 Gerichte dieses gastronomischen Gedichts ist es verboten, vorher die Karte zu lesen oder zu googeln.

A disfrutar (= Viel Spaß)!

€€€

DISFRUTAR
CARRER DE VILLARROEL, 163

disfrutarbarcelona.com

Verkostungsmenü: 180 Euro (ohne Wein)

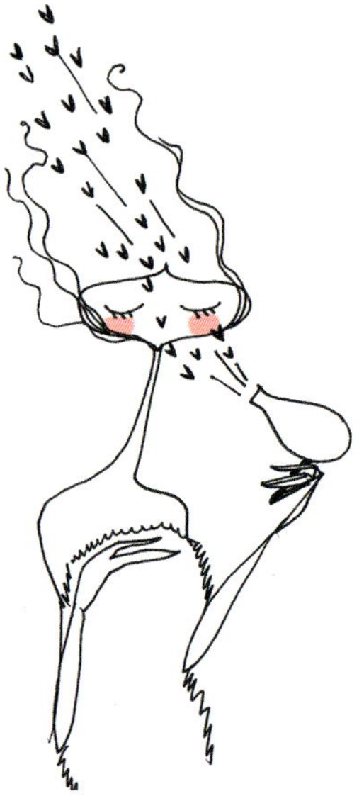

#13

DER COOLSTE PRIVATCLUB **DER WELT**

Soho House: ein Members-only-Club, der überall auf der Welt fantastische Locations für Talente aus der Kreativ- und Kunstszene öffnet. Ein Ort zum Arbeiten, Essen, Schlafen und Feiern.

In Barcelona gibt es zwei Standorte:

- Der erste liegt mitten im Barri Gòtic, in einem rosa Altbau aus dem 18. Jahrhundert. Good news: Auch Nicht-Mitglieder haben Zugang zum Hotel (mit Reservierung) und zum Restaurant Cecconi's, wo Sie sich die *Pasta alle vongole* (mit Venusmuscheln) auf keinen Fall entgehen lassen sollten.

SOHO HOUSE
PLAÇA DEL DUC DE MEDINACELI, 4

+34 932 204 600

sohohousebarcelona.com

- Der zweite liegt 30 Autominuten entfernt in der kleinen Ortschaft Garraf: das Little Beach House. Challenge: Versuchen Sie, ein Mitglied ausfindig zu machen, das Sie auf eine Paella am Strand einlädt. Der Umweg lohnt sich!

LITTLE BEACH HOUSE BARCELONA
CARRER MIRADOR DEL PORT, 1
GARRAF

+34 935 221 552 | sohohousebarcelona.com

KLEINER KURS
DER PAELLA

Das Originalrezept stammt aus Valencia und nicht alle Abwandlungen tragen den Namen Paella, manche heißen schlicht *arroz* (Reis), andere, auf Basis von Vermicelli, *fideuà*.

Um sich in diesem Dschungel nicht zu verlaufen, hier ein Überblick:

PAELLA: Die traditionelle Paella besteht aus Gemüse (Artischocken, Paprika, Tomaten), grünen Bohnen und *garrofó* (dicken weißen Bohnen), Huhn und Kaninchen. Ursprünglich stammt das Gericht aus Valencia.

PAELLA MIT FLEISCH: Sie enthält meist vor allem Hühnerfleisch. Manchmal findet man jedoch auch Varianten mit anderen Fleischarten. Diese stärker mit Piment gewürzte Art der Paella ist als ländliches Gericht eher im Landesinneren zu finden.

PAELLA MIT MEERESFRÜCHTEN: Ein Hochgenuss für alle Freunde von Tintenfisch, Venusmuscheln, Miesmuscheln, Garnelen und anderen Meeresfrüchten. Manchmal auch mit Fisch. Diese Paella ist natürlich vor allem an der Küste zu Hause.

PAELLA MIXTA: Eine Kombination aus Fleisch und Meeresfrüchten, vor allem Tintenfisch und Garnelen. Diese Surf-and-Turf-Mischung findet man vor allem in Frankreich.

ARROZ AL HORNO: Im Gegensatz zur klassischen Paella (was übersetzt „(aus der) Pfanne" bedeutet) wird dieses Gericht mit viel Fleisch, Wurst und Erbsen im Ofen *(al horno)* gegart.

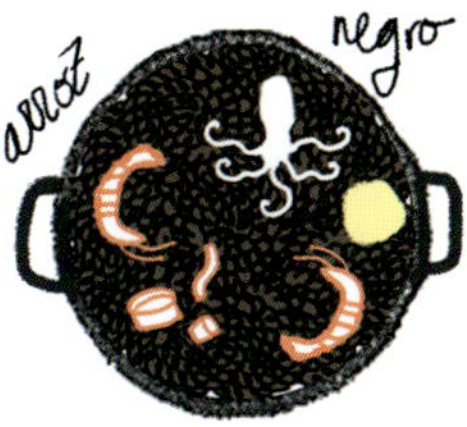

ARROZ NEGRO: Dieses Gericht verdankt seine charakteristische Farbe der Sepia-Tinte. Gemischt mit Tintenfisch, Garnelen und Knoblauch wird *Arroz negro* meist mit Aioli gereicht.

FIDEUÀ: Sieht aus der Ferne wie Paella aus. Tintenfisch, Garnelen, Muscheln und Co. kommen hier aber nicht mit Reis, sondern mit Nudeln und Fischsuppe daher. Dieses manchmal mit Aioli servierte Gericht enthält niemals Fleisch.

14

DIE BESTE BAR DER WELT?

Wir sind zwar nicht immer einer Meinung mit der Jury von „The World's 50 Best Bars", aber mit ihrer Entscheidung, das Sips (das bereits 2022 den dritten Platz in derselben Kategorie belegte) zur „Besten Bar der Welt" 2023 zu küren, liegt sie vermutlich nicht ganz falsch.

Nein, wir werden Ihnen hier nicht die spektakulärsten Kreationen beschreiben. Lassen Sie sich einfach überraschen, wenn der von Ihnen ausgewählte (unweigerlich fantastische) Cocktail an Ihren Tisch gebracht wird. Oder bitten Sie die Kellner um eine Empfehlung ...

Das Sips wurde 2021 von Simone Caporale („Bester Barmann der Welt" 2014) und Marc Alvarez (früherer Getränke-Manager der Gastronomie-Superstars Ferran und Albert Adrià) eröffnet.

Diese Bar der Superlative sollten Sie sich auf keinen Fall entgehen lassen!

€€

SIPS BAR
C/ DE MUNTANER, 108

sips.barcelona/drinkery-house

Instagram: sips.barcelona

#15

EIN KULINARISCHER **YOGA-TEMPEL**

Einatmen, ausatmen ... und genießen. Denn Frizzant, das unbestritten beste Yoga-Studio der Stadt, bietet Ihnen nicht nur die Möglichkeit, durch gemeinsames Om-Singen beim herabschauenden Hund in das Reich der Entspannung zu entfliehen. Das angegliederte Café verwöhnt Sie auch mit Mascarpone-Matcha-Croissants, Chai Latte und kaltgepressten Obstsäften, die das Herz aller Freunde des Sonnengrußes höherschlagen lassen. Mittags treffen sich hier die Freelancer aus dem Viertel zu Hühnerbrust mit Datteln, und am Abend lässt sich der eine oder andere von ihnen vielleicht auf das Abenteuer des Danzad Malditos ein, einen sehr eigenwilligen Tanz, den man am besten selbst ausprobiert. Treffpunkt für dieses verrückteste Tanzerlebnis ever ist unter anderem immer dienstags um 18:30 Uhr.

€€

FRIZZANT
GRAN VIA DE LES CORTS CATALANES, 692

+34 931 17 04 96 | frizzant.com

NIVEA
Orangen

#16

DIE SCHATZHÖHLE **VON BARCELONA**

Nur einen Steinwurf von Barcelona entfernt liegt die kleine Stadt Sant Cugat mit ihrem Flohmarkt. Dieser ist Treffpunkt für Antiquare, Kunsthandwerker und Designer, die Lust darauf vermitteln, sich mit allem, was man hier so an Schätzen findet, neu einzurichten.

Nach dem Flanieren vorbei an 1001 Objekten laden die zahlreichen Tapas-Bars oder Foodtrucks mit ihrem inspirierten und inspirierenden Design zum Verweilen ein.

MERCANTIC
AV. DE RIUS I TAULET, 120
SANT CUGAT DEL VALLÈS

+34 93 674 49 50

mercantic.com

MERCANT

17

ZEIT FÜR **EINEN WERMUT**

Wermut ist für Barcelona das, was für Frankreich der Pastis und für die Türkei der Raki ist: ein traditioneller Aperitif, um nicht zu sagen, eine Institution. In den gemütlichen kleinen *vermuterías* scheint die spanische Sonne einfach immer!

Das Calders, eine der besten Bars von Barcelona, hat eine schöne Terrasse, auf der das traditionell mit Oliven servierte Getränk gleich noch besser schmeckt. Dazu Tintenfisch oder eines der anderen Häppchen – perfekt!

Abends sollte man unbedingt früh genug da sein, um für sein Wermut-Spezialmenü noch einen schönen Tisch im Freien zu ergattern. Und dann heißt es: Aperitif genießen wie die Einheimischen!

€€

CALDERS
CARRER DEL PARLAMENT, 25

+34 93 674 49 50	Instagram: barcalders

#18

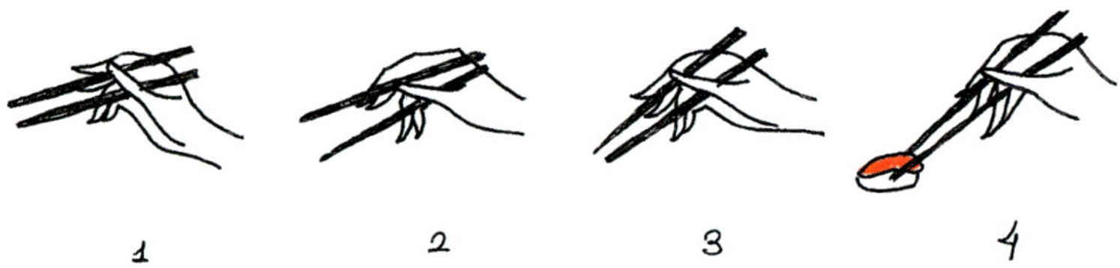

DAS BRIEFMARKEN-RESTAURANT **DES *MERCAT DE LA BOQUERÍA***

Vor einiger Zeit beschloss Arnau Muñío, früherer Küchenchef des großen El Bulli, unter den Bögen dieser Markthalle das Restaurant seiner Träume zu eröffnen. Er wollte *cocina de mercat* – Marktküche – machen wie seine Großmutter, mit allem, was man tagtäglich frisch an den Ständen um die Ecke finden konnte.

Für noch mehr Genuss beim Verspeisen des einzigen Menüs bietet das Restaurant an seinem Holztresen nur acht Plätze. Versprochen: Noch vor Ende der geselligen Mahlzeit sind Sie mit Ihren Sitznachbarn per Du!

€€€

DIREKTE BOQUERÍA
CARRER DE LES CABRES, 13

direkte.cat

AUF EINE RUNDE DURCH
DIE MARKTHALLE

2,49
4,99
1,99
6,90

CAN VILA
CAN VILA

Der Tempel von Barcelona: In der *Boquería* kann sich das Auge kaum sattsehen an den Auslagen mit Obst und Gemüse, Wurstwaren, Meeresfrüchten, Wein und Qualitätskonserven. Dazwischen immer wieder Tapas-Bars und Streetfood zum Dahinschmelzen. Eine Auswahl unserer Lieblingsorte:

- Torrons Vicens. **405.**
  Turrón (spanischer Nougat) in allen Variationen.
- Olives i conserves El Pinyol. **230.**
  Oliven und hochwertige Konserven.
- Cansaladeria Can Vila. **162.**
  Ein Paradies für Schinken-Liebhaber.
- Embotits Montse. **173.**
  Spanische Wurstwaren, soweit das Auge reicht.
- Ous de Calaf. **323.**
  Eier, Eier, Eier.
- Fruites i Verdures Vidal Pons. **512.**
  Obst- und Gemüsehändler. Eine Augenweide!
- Peixateria Manolo. **759.**
  Fischhändler mit Schwerpunkt Austern.
- Fantasía de Pimientos. **610.**
  Das Königreich von Chili und Gewürzen.

Zur besseren Orientierung finden Sie hier einen Lageplan und nähere Informationen zu den einzelnen Händlern:
boqueria.barcelona/paradas-mercado

Wer Lust auf ein anderes, weniger touristisches Markterlebnis hat, dem legen wir den Mercat Municipal La Concepció in Dreta de l'Eixample ans Herz, eine Markthalle mit schöner Holz- und Eisenkonstruktion aus dem Jahr 1887. Unsere Lieblingsstände: Cut Fish, Fina y Coloma, Fruites Manolita und Tot Bo.

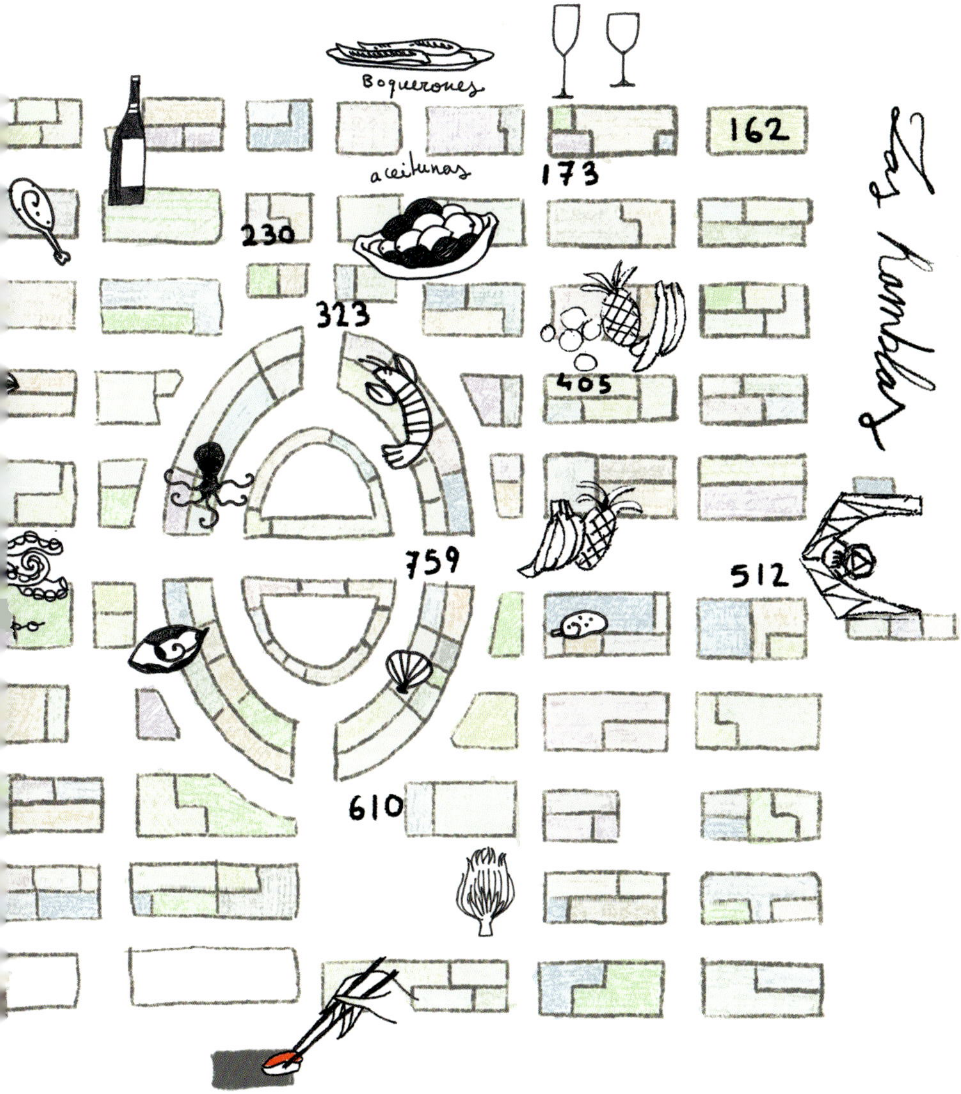
Boqueroness
aceitunas
162
173
230
323
405
759
512
610
Las Ramblas

27
RAIMA
RAIMA
RAIMA

#19

VERRÜCKT NACH **SCHÖNEM PAPIER**

Stellen Sie sich einen Ozean aus Heften, Papier, Füllern und Stiften vor – dann sind Sie bei Raima, der größten Papeterie Europas. Das 1986 von Núria Raja gegründete Geschäft befindet sich seit seinen Anfängen in diesem Gebäude aus dem Jahr 1913. Noch heute stammt ein Teil der Einrichtung aus jener Zeit.

Besuchen Sie unbedingt die vierte Etage: Die Terrasse bietet einen atemberaubenden Blick über die Dächer der Altstadt.

RAIMA
CARRER COMTAL, 27

raimapapers.cat

#20

WO BEKOMMT MAN **BRUTAL GUTE DRINKS?**

Diese Weinbar mit Kellerlokal liegt im Zentrum des Reaktors, in der Arterie zwischen den pulsierenden Stadtteilen El Born und La Ribera. Gleich nach dem Eingang geht es mit einem langen Tisch voller Weine *in medias res*. Dahinter eine zweite Bar. Wieder danach zwei Räume mit einer dritten Bar, die auch als Durchreiche für die offene Küche unter dem strengen Blick des Küchenchefs dient, der jeden Teller persönlich prüft.

Kurz gesagt: genauso chaotisch, wie wir es lieben. Ein rustikaler Ort zum Verkosten der besten Naturweine Barcelonas. Außerdem serviert die Bar Brutal nicht nur die beste Burrata der Stadt, sondern auch andere hervorragende Tapas.

BAR BRUTAL
CARRER DE LA PRINCESA, 14

+34 932 954 797 | barbrutal.com

Bar Brutal
RACTIVO
ERITIVO
BORN
BE WI

va mejor
con
Coca-Cola
PEIX
PAN TOSTADO 180 CAL ROMANA 650
BOMBA 200 ARENGUE 250
MORCILLAS 390 SARDINAS 550
BARAT 600
BACON 200 CALAMAR
HABAS 240 PULPO 600
BUTIFARRA 360 RECORTES PULPO 400
CHORIZO 360 BACALAO 650
CAP i POTA 470 ESCABECHE 550
AMANIDA
JUDIAS
GARBANZOS
ENSALADILLA

#21

DIE LIEBLINGSOMA DER **GROSSEN KÜCHENCHEFS**

Dieses kleine familiäre Restaurant hütet einen Schatz, der auf den klangvollen Vornamen Palmira hört. Hinter der vermeintlich rustikalen und netten kleinen Oma verbirgt sich eine der angesehensten Köchinnen des Landes, die für eine authentisch gebliebene Küche steht. Seit der Gründung ihres Restaurants 1944 pilgern die großen Küchenchefs in Scharen zu ihr, um den Geschmack echter traditioneller Tapas (wieder) zu finden, wie sie vermutlich schon ihre eigene Großmutter zubereitete.

Gemeinsam mit ihrer Familie bietet Palmira den Gästen eine kurze, schnörkellose Karte mit lokalen und saisonalen Produkten an. Darin finden sich himmlische Kroketten namens *Bomba* oder, in der Saison, Artischocken, die Ihr Herz zum Schmelzen bringen werden. Die *Alubias con sepia* (Brechbohnen mit Tintenfisch) und die *Recortes de pulpo* (gebratener Oktopus) lohnen ebenfalls den Umweg.

LA COVA FUMADA
CARRER DEL BALUARD, 56

+34 932 21 40 61

Instagram: la_cova_fumada

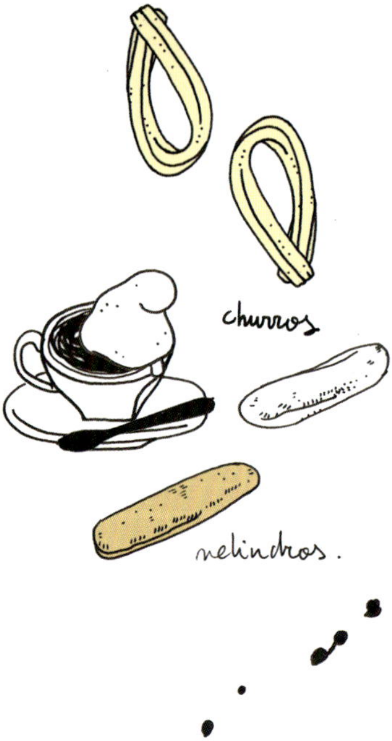

#22

WURST UND **HEISSE SCHOKOLADE**

Lassen Sie sich nicht von dem zurückhaltenden Anschein und dem Hauch von Patina abschrecken: Das Granja Viader zählt unbestritten zu den besten kulinarischen Adressen der Stadt.

Heute ist die 1870 gegründete ehemalige Sennerei eine Institution, in der Einheimische und Reisende gemeinsam die sagenumwobene „heiße Schokolade des Granja“ entdecken: ein dickflüssiges Getränk mit einer großzügigen Schicht Sahne obenauf ...

GRANJA VIADER
CARRER D'EN XUCLÀ, 4

+34 933 183 486

granjaviader.cat

Granja M.Viader
Menú de Nadal a casa vostra

Granja M. Viader
Cardedeu
SIMÓN COLL

Zu dieser süßen Sünde haben Sie ganz klassisch die Wahl zwischen Churros oder Melindros (einem regionaltypischen Keksgebäck) oder Sie entscheiden sich für eine Scheibe Schinken oder ein Stück Käse mit Quittenkonfitüre und einem Hauch Fleur de Sel. Ein wahrer Genuss.

Ach ja, und wundern Sie sich nicht, wenn Ihnen hier beim Frühstück der Sternekoch Albert Adrià begegnet. Von ihm haben wir den Geheimtipp für dieses Café, in das auch Picasso seinerzeit gern auf eine Tasse Schokolade kam.

P. CONESA
GALLETAS LOSTE
BOCADILLOS CALIENTES
SURTIDO FIAMBRES

#23

DIE BESTEN SANDWICHES DER STADT

Die besten Sandwiches der Stadt gibt es seit 1951 zweifelsohne bei Can Conesa.

Ein weiterer Vorteil der Sandwicheria ist ihre Lage nur zwei Schritte von der Kathedrale entfernt, denn gutes Essen zu finden ist hier wahrlich nicht einfach.

Bei Conesa haben Sie die Qual der Wahl zwischen 70 verschiedenen Sandwiches. Fragen Sie ruhig nach den Spezialitäten des Hauses, die Mitarbeiter helfen gerne weiter. Und wenn Sie fündig geworden sind, lassen Sie sich in dem kleinen Raum gleich neben dem Tresen nieder und genießen Sie.

€

CONESA ENTREPANS
CARRER DE LA LLIBRETERIA, 1
(PLAÇA DE SANT JAUME)

+34 93 310 13 94

conesaentrepans.com

#24

EIN MODERNISTISCHES MEISTERWERK
OHNE MENSCHENMASSEN

Sie lieben den Jugendstil, haben aber genug von den Touristenmassen, die sich in den berühmten Bauten von Gaudí oder in der Sagrada Familia auf die Füße treten? Dann legen wir Ihnen einen Besuch im alten Hospital de la Santa Creu i Sant Pau ans Herz.

Dieser zwischen 1902 und 1930 von dem Architekten Lluís Domènech i Montaner im Stil des Modernisme (der katalanischen Variante der Jugendstilarchitektur) errichtete Gebäudekomplex beherbergte von 1916 bis 2009 ein Krankenhaus.

Fernab des historischen Stadtzentrums und der dort versammelten Menschenmassen lässt es sich voll unverhohlenen Glücks in den Gärten wandeln, die sich rund um die teilweise sanierten und zur Besichtigung geöffneten Pavillons erstrecken.

Besonders sehenswert sind der Pavillon San Rafael, der Säulensaal (Hypostylum) und die Außenmosaiken von Francesc Lavarta und Mario Maragliano.

Ein außergewöhnliches Architekturerlebnis, das man sich auf keinen Fall entgehen lassen sollte.

RECINTE MODERNISTA DE SANT PAU
C/ DE ST. ANTONI MARIA CLARET, 167

Der Besuch dauert zwischen
1,5 und 2 Stunden

+34 93 511 78 76
santpaubarcelona.org

© THOMAS JONGLEZ

© THOMAS JONGLEZ

© THOMAS JONGLEZ

10
9

#25

AUF EINEN COCKTAIL **IN DIE RETRO-BAR**

Herzlich willkommen im Barcelona des frühen 20. Jahrhunderts, der perfekten Zeit für einen Cocktail mit Blüten oder Erdnüssen. Die Confitería 1912 ist nicht einfach eine Bar, in der ungewöhnliche Cocktails serviert werden, sondern zugleich eine museale Zeitreise in den Jugendstil.

Eine Alternative, um in das Barcelona der Unterwelt einzutauchen, bietet sich einige Straßen weiter: die Bar Marsella.

€€

LA CONFITERÍA 1912
CARRER DE SANT PAU, 128

+34 931 40 54 35
confiteria.cat

€€

BAR MARSELLA
CARRER DE SANT PAU, 65

Instagram: barmarsella

1888
1888

THE
MASSAGE
HOUSE

#26

DIE BESTE MASSAGE IHRES LEBENS?

Für manche ist es die beste Massage ihres Lebens. Für andere ist es eine wohltuende Pause in eleganter und entspannter Atmosphäre.

Marc Oromí ist ein außergewöhnlicher Therapeut, der in seiner Arbeit verschiedene Techniken wie Chiromassage, Thaimassage, Reflexologie oder japanische Gesichtsmassage miteinander verbindet.

Damit ist alles gesagt.

Gehen Sie hin. Sie werden es nicht bereuen.

€€

THE MASSAGE HOUSE
PASSATGE MERCANTIL, 1, CIUTAT

+34 637 386 974

themassagehouse.es

THE
MASSAGE
HOUSE

#27

BIS ANS ENDE **DER NACHT**

1. TANZEN BIS INS MORGENGRAUEN

Feiern liegt Barcelona im Blut. Diese Stadt schläft nie. Nachts setzt sich das Leben in Bars und Clubs fort, deren Bann man sich nur schwer entziehen kann. Hier unser Fahrplan bis ans Ende der Nacht.

SALA APOLO
CARRER NOU DE LA RAMBLA, 113

2 Räume, 2 Stimmungen
sala-apolo.com

JAMBOREE
PLAÇA REIAL, 17

Jazzclub
jamboreejazz.com

SIDECAR
PLAÇA REIAL, 7

Club für 300 Personen
sidecar.es

MOOG
CARRER DE L'ARC DEL TEATRE, 3

Elektro-Club
moogbarcelona.com

RAZZMATAZZ
CARRER DELS ALMOGÀVERS, 122

Die größte Diskothek der Stadt mit fünf Floors
salarazzmatazz.com

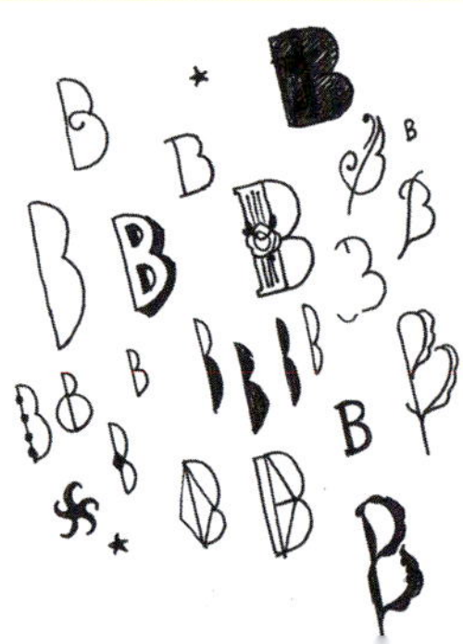

Fiesta

2. AFTER-PARTY MIT CHURROS

> Churrería J. Argilés

Seit fast 60 Jahren hat sich dieser Foodtruck direkt am Ausgang der Metrostation Marina nicht einen Zentimeter bewegt. Inmitten von Autos und Straßenbahnen ist schon der Standort der Churrería J. Argilés ein Erlebnis für sich. Am Wochenende ist dieser rund um die Uhr geöffnete Stand perfekt, um sich nach einer durchtanzten Nacht mit Churros zu versorgen, die, nebenbei gesagt, zu den besten der Stadt zählen. Die Einheimischen haben das längst begriffen!

€

CHURRERÍA J. ARGILÉS
CARRER DE LA MARINA, 107

+34 932 32 43 07

> Churrería San Román

Eine Institution in Barcelona. Seit dem Alter von 12 Jahren verbessert der Familienvater und Inhaber Manuel San Román sein persönliches Rezept beständig – mit Erfolg. Mehr gibt es zum Perfektionsgrad jedes knusprig schmelzenden Bissens nicht zu sagen. Wir empfehlen Ihnen, früh dort zu sein: sobald das Öl im Topf heiß wird. Dann kommen Sie nämlich Genuss der ersten Ladung.

(€)

CHURRERÍA SAN ROMÁN
CARRER DEL CONSELL DE CENT, 211

+34 93 453 25 82 | churreriasanroman.com

3. EINE PACKUNG ASPIRIN MIT JUGENDSTIL-FLAIR

Ja, es kann sich lohnen, für eine Apotheke einen Umweg zu machen.

Jene von Aguilar Pérez sticht schon von außen durch ihr modernistisches Antlitz hervor. Innen finden Sie im Ambiente von Jugendstil-Holzvertäfelungen alles, was Sie im Falle einer Überdosis Paella oder einer durchzechten Nacht brauchen. Wir raten davon ab, aber die Versuchung ist groß, hier ein paar Fotos zu schießen. Und wer weiß, vielleicht haben die Bilder ja angesichts des therapeutischen Dekors einen gewissen Placeboeffekt ...

€

FARMÀCIA AGUILAR PÉREZ
CARRER D'AUSIÀS MARC, 31

+34 933 02 19 58

4. VERANSTALTUNGSKALENDER

Die Stadtteile von Barcelona sind wie ein Trencadís – ein Mosaik, bei dem jeder Stein eine eigene Persönlichkeit, eigene Traditionen und eigene Festivals hat. Vielleicht bekommen Sie während Ihres Aufenthalts Gelegenheit, die Seele dieser Viertel und ihrer Bewohner kennenzulernen:

MÄRZ

> Das Wochenende, das dem 23.3. am nächsten liegt: Barri del Pi.

APRIL

> Mitte April: Sagrada Familia.
> 23: Sant Jordi. Welttag des Buches.

MAI

> Zweite Monatshälfte: Eixample derecho.

JULI

> Erste Monatshälfte: Vila Olímpica.
> Zweite Monatshälfte: Poblesec.
> Mitte Juli: El Raval.

AUGUST

> Zweite Monatshälfte: Gràcia.
> Zweite Monatshälfte: Sants.
> Mitte August: Barri Gòic.

SEPTEMBER

> Erste Monatshälfte: La Ribera.
> Erste Monatshälfte: Poblenou Primera.
> Erste Monatshälfte: Horta.
> Woche vom 24. September: Fiestas de la Mercè. Großes Festival in der ganzen Stadt.

OKTOBER

> Erste Monatshälfte: Sarrià.
> Erste Monatshälfte: La Rambla.
> Erste Monatshälfte: Eixample Iz- quierdo.

NOVEMBER

> Erste Monatshälfte: El Clot.

DIE SCHÖNSTEN ROOFTOPS VON BARCELONA

In Barcelona den höchsten Turm der Sagrada Familia mit seinen 172 Metern Höhe zu übertreffen, ist unmöglich. Doch davon lassen wir uns nicht entmutigen, denn über die ganze Stadt verteilt gibt es eine Reihe buchstäblich herausragende Hotels. Dort finden Sie großartige Rooftop-Bars mit atemberaubender Aussicht:

1. Eine davon erwartet Sie – von außen kaum zu erkennen – in dem an einer Hauptverkehrsader gelegenen Hotel Grand Central. Wagen Sie den Schritt durch die Eingangstür, fahren Sie mit dem Aufzug hinauf in die Skybar und genießen Sie dort mit Blick auf den Infinity-Pool und die Stadt ein Glas Wein.

2. Wer es stilvoll und festlich mag, der ist in der Rooftop-Bar des Hotel Pulitzer richtig. Hier finden in der schönen Jahreszeit bis Mitte September an fünf Tagen in der Woche ab 18 Uhr Events mit guter Musik, Tapas und Cocktails statt.

3. Die neueste Rooftop-Bar befindet sich auf dem Dach des Hotel Edition. In einer Umgebung mit viel Grün und Holz herrscht hier eine gemütliche Atmosphäre.

1. DIE SKYBAR IM GRAND CENTRAL HOTEL

2. DIE TERRAZA DES PULITZER HOTEL

3. DAS ROOFTOP DES HOTEL EDITION

#28

DIE SEELE BAUMELN LASSEN
IN POBLE SEC

Sie haben genug von den Menschenmassen und Touristenströmen in Raval, Born und Barri Gòtic? Dann ist das Hotel Brummell genau das Richtige für Sie: Am Fuße des Montjuïc im angesagten Arbeiter- und Ausgehviertel Poble Sec gelegen, fühlt man sich hier vom ersten Moment an rundum wohl. Der Service ist professionell, jung und sympathisch, die Deko gelungen und die Zimmer sind komfortabel. Ein kleiner Pool verspricht Abkühlung an heißen Sommertagen.

Das Raval ist fußläufig in rund 10 bis 15 Minuten erreichbar, die Metro in nur 5 Minuten. Gute Bars und Restaurants finden sich überall in unmittelbarer Umgebung des Hotels.

€€

HOTEL BRUMMELL
C/ NOU DE LA RAMBLA, 174
SANTS-MONTJUÏC

+34 931 25 86 22
hotelbrummell.brummellprojects.com

20 Zimmer

BRUMELL
BRUMELL
BRUMELL
BRUMELL
BRUMELL

URBARNA
POSTCARDS

MENU VEGANO
DE LA SEMANA
LUNES
MARTES
MIERCOLES
JUEVES
VIERNES
CLUB DE VINO NATURAL
HAZTE MIEMBRO HOY!

#29

ZWISCHEN DESIGN, KAFFEE, WEIN UND NACHHALTIGER GASTRONOMIE

In einigen Enklaven des städtischen Trubels von Barcelona verspürt man die Ruhe eines ansonsten sehr lebendigen Viertels: Poblenou. Lagerhallen, die lange Jahre stilllagen, erwecken kreative Köpfe aller Art zu neuem Leben. House of Rowdy für Mode, Garage Beer für direkt vor Ort gebrautes Bier ...

Inmitten all dieser innovativen Konzepte stoßen wir auf die Casa Taos, eine Mischung aus Coffee Shop und Bistro, die auf den guten Geschmack nachhaltiger Erzeugnisse setzt. In dem zur Straße hin geöffneten urbanen Holzbau werden den Gästen feine Kaffeespezialitäten, katalanische Naturweine und vegane Speisen kredenzt. Das Ganze in stilvollem skandinavischem Design mit Dingen, die bei Liebe auf den ersten Blick auch direkt aus dem hauseigenen Shop mit nach Hause genommen werden können.

€

CAFÉ CASA TAOS
C. D'ÀLABA, 100, SANT MARTÍ

+34 930 17 27 78

taosliving.com/blogs/casa-taos/prueba

VERRÜCKTE COCKTAILS **HINTER DEM KÜHLSCHRANK**

Vorne: ein Pastrami-Stand.

Hinten: eine geheime Cocktailbar. Öffnen Sie die Kühlschranktür links von der Theke und treten Sie ein in ein geheimes Universum voller überraschender Geschmackserlebnisse in ungewöhnlichen Gläsern. Legen Sie Ihr Schicksal vertrauensvoll in die Hände der Barkeeper und freuen Sie sich auf den aktuell angesagtesten Cocktail.

€€ / €€€

PARADISO
CARRER DE RERA PALAU, 4

paradiso.cat

Instagram: paradiso_barcelona

PARADISO

WIR DANKEN

JÉRÔME, der uns Barcelona gezeigt hat und uns auf all unseren Erkundungstouren gefolgt ist.

NOÉ dafür, dass sie für uns unermüdlich alle Pastas der Stadt probiert hat.

VINCENT UND JUAN dafür, dass es ihnen so wunderbar gelungen ist, die Seele dieser Stadt in ihren Zeichnungen und Bildern einzufangen.

EMMANUELLE UND NATHALIE, die dieses Buch mit viel Geduld und Hingabe in die richtige Form gebracht haben.

XAVI ALBA, der für uns freie Tische gefunden hat, die es in Alberts Restaurants eigentlich nicht gibt.

THOMAS JONGLEZ, unserem Expeditionsleiter.

Und **ENRIC AYMERICH**.

Dieses Buch ist das Werk von:
Vincent Moustache, Co-Autor und Illustrator
Fany Péchiodat, Co-Autorin
Berta de March, Co-Autorin
Carmen Vasquez, Co-Autorin
Juan Jerez, Fotograf
Nathalie Chebou-Moth und Roberto Sassi, Publishing
Emmanuelle Willard Toulemonde, Layout
Tanja Felder, Übersetzung
Lea Intelman und Christiane Manz, Lektorat
Carola Köhler, Korrektorat

Schreiben Sie uns an contact@soul-of-cities.com
Folgen Sie uns auf Instagram unter @soul_of_guides

In der gleichen Kollektion:

Soul of Amsterdam
Soul of Athen
Soul of Berlin
Soul of Kyoto
Soul of Lissabon
Soul of Los Angeles
Soul of Marrakesch
Soul of New York
Soul of Rom
Soul of Tokyo
Soul of Venedig

Umschlagfoto: Logan Armstrong – Unsplash

März 2024 – 2. Auflage
ISBN: 978-2-36195-706-3
Gedruckt in der Slowakei bei Polygraf